고독한 남자

고독한 남자

홍창수 시집

■ 시인의 말

누군가를 사랑하는 것은
그대 안에
못다 쓴 시 한 구절 심어 놓고
내 것처럼
들려주는 일입니다.

머잖아
시가 흐르는 뜨락에
초록의 탄성과
연둣빛 산새도 함께 하겠지요.

                2024년 7월 푸르른 날
                      홍창수

■ 차례

1부
김영갑 갤러리

그 어디쯤 - 13
용눈이 오름 - 14
첫눈 - 15
한나절 오후 - 16
구름 언덕 - 17
그럴 리가 - 18
구름의 갈림길 - 19
김영갑 갤러리 - 20
사나이 순정 - 21
우도행 버스 - 22
나무 생각 - 23
눈꽃 옆에서 - 24
생명이 생명에게 - 25
산지천 회심 - 26
쓸쓸한 풍경 - 27

2부

커피의 품격

간이역에서 - 31
늘그막에 - 32
장례식장 가는 길 - 34
사소하지 않은 - 35
매화의 꿈 - 36
고독한 남자 - 37
찻집에서 - 38
산굼부리 억새 - 39
바닥만 보며 - 40
우리집 정원 - 41
귤밭에서 - 42
커피의 품격 - 43
억새 - 44
한 해가 저물 때 - 45
허구한 날 - 46

3부

새벽 두 시

당신은 오름 – 49
신음 – 50
새벽 두 시 – 51
깃털 – 52
무명초 – 53
매화 – 54
눈은 내리고 – 55
허공 – 56
아직은 겨울 – 57
나의 벗은 셋 – 58
바다 구름 – 59
잔설 – 60
풀 – 61
겨울 사랑 – 62
내가 당신을 만나 – 63

4부
붓끝 따라

오름길 - 67
비자림 숲길 - 68
사라진 것들 - 69
소식 - 70
붓끝 따라 - 71
한 해가 다 가는데 - 72
절물오름 - 73
무심의 한 조각 - 74
침묵할 시간 - 75
지는 꽃 - 76
붉은오름 - 77
풀꽃 곁에서 - 78
가을 저편 - 79
비 오던 날 - 80
에메랄드빛 - 81

■ 해설 | 대자연의 사물을 향한 그리움과 독백의 미학 - 83
_김필영(시인, 문학평론가)

1부

김영갑 갤러리

그 어디쯤

보이지 않는 그 어디쯤
서로 몸 비비며 모여 사는 가난한 낙엽이 있다
푸석푸석 마른 들판을 지나 그 어디쯤

헐벗은 무덤 껴안고 장성처럼
서 있는 나무도 있다
덧문 닫고 그 어디쯤 부는 바람
엿듣는 허공을 지키는 빈방이 있다

끝도 시작도 없는 그 어디쯤
빈 가지 흔들며 하루를 건너는 바람도 있다
구름과 구름 사이의 하늘이 더없이 푸르듯
그늘진 구석에 드는 햇살이 깊고 따뜻하다
그리 멀지 않는 그 어디쯤

그대가 아닌 당신이기를
음절이 아닌 음표이기를
그 어디쯤 심중에 남아있는 내 사랑이네

당신을 두고 그 길
포기하지 않을 것입니다

용눈이 오름

그대가 풍경이다
푸른 하늘 비스듬히 풀 뜯는 얼룩말

때로는 여의주 입에 물고 승천하는 꿈을 꿨어도
호들갑 떨지 않고 오히려 담대하다
시퍼런 철책 링거처럼 곳곳에 꽂아놓고
내색 한번 하지 않는다

맨몸에 비 오고 바람 부는 날 많아도
마음은 폭풍전야처럼 고요하고 침착하다
곁에 있고 싶다
내려가는 길 좁은 외길
몸 한 구석 철책에 의지하고 있는

천국과 지옥 중간 어디에 오름이 살고 있는 듯

첫눈

동백처럼 붉게 이웃집 소녀였지

들녘에 눈이 내리고
감아 올린 동백꽃
귀밑머리 흘러내린
발그레한 분홍빛 두 볼
행여 그인가 그이신가

밑창에 쩍쩍 달라붙는 눈발
행여 그인가 그이신가 꽃

은 시들고 내리는 눈마저 저무는데
그대는 이름 없는 무명으로
뚝뚝 떨어지는 날
돌아와 울지 않으리
울지 않으리

동백처럼 붉게
돌아와 울지 안으리
입술 깨물며 울지 않으리

한나절 오후

구름이 보이지 않는다
하늘 어디에도
바람에 갇혔나
이글거리는 햇볕 속
나무들이 고봉으로 햇볕을 먹는다
덤불 속 벌레들이 일광욕을 한다
가는 다리를 비비며
깨진 유리처럼 부서지는 햇볕
눈을 뜰 수 없이
태양은 신이다

마실 갔던 구름이 혼자 구시렁거린다
풍경 속에 햇볕은 보이지 않았다

구름 언덕

보랏빛 하늘 아래
예술가는 침묵한다

제주 사람들의 살아가는 이야기
정서를 담아내며
예술혼을 불사른 사람
용눈이오름 너른 가슴팍에 안겨 있다

비에 젖어 있는 돌하르방
두모악 정원은 하나의 소우주
나무 한 그루, 풀 한 포기
대신 말을 걸어 온다

탐라인들의 고요와 적막
평화를 담아낸 언덕

그 섬에 내가 있다
우리가 있다

그럴 리가

그게 아닌데
울고 싶다 했나

눈물이 핑 돈다 했나
아무렇게 갈긴
손주 녀석 도화지에 그만

물이 마르기 전에 없는
손수건 꺼내어
그대 눈두덩같이
종이는 부어 올랐다

늦은 후회

아무짝에도 못 쓰는
그게 아닌데

구름의 갈림길

흘러 어디로 가는지 모릅니다

코스모스 흐느적거리는 간이역
덜컹거리며 구르는 바람소리
들었을 뿐입니다
들것에 실려 갔는지 모릅니다
그 여름 물들인 꽃물 선명한 분홍 빛깔
기억나지 않습니다
허리 꺾인 봉선화 보았을 뿐입니다

촘촘히 엮은 하늘에 그물을 쳤습니다
네거리 푸른 신호등 꺼지자
까맣게 새 떼 날아올랐습니다
건져 올린 허공 골이 깊었습니다

누군가가 던진 돌팔매 맞지 않아도
마음 저려 오는 것은 또 누구의 아픔입니까
낙엽 주워 봅니다
묻은 손에 흙냄새 납니다
그대가 흘린 것 같기도 하고
헛간의 바람인 듯도 하고

김영갑 갤러리

넘어온 바람이
흔한 문패 앞에 우두커니 서 있습니다

굴러온 돌과 돌멩이들 고요의 옷을 갈아입고
적요의 집으로 들어갑니다

세월보다 긴 침묵 구석구석 차 있습니다
오름의 억새도 침묵을 이기지 못하고 집니다
노을 황홀한 빛깔 그 곁에는 침묵이 있습니다

흰 바람벽
눈물 나도록 사람이 그립다 합니다

그대가 건네준 커피
누룽지보다 진한 향으로
오랜 침묵이 품고 있던 온기입니다

사나이 순정

사랑도 모르면서
당신이 벗어놓은 아무데나
풀꽃이 피었습니다

마음 한 점 읽지 못하고
아무렴, 사랑하지 못합니다

새살이 돋기 전에
딱지를 뜯고 또 뜯어냅니다

풀꽃, 너 꼼짝 마

눈 찔끔 감고
물 한 바가지 퍼 안겼습니다

우도행 버스

달리는 차창 너머 하늘이 보입니다
하늘은 파도치고 구름이 껴도 흔들리지 않습니다

달리는 차창 아래
우도는
바퀴에 할퀴고 흙먼지에 덮여 쓸지라도
동요하지 않습니다

우리가 끄는 수레바퀴
움직이지 않는 것에 의지해 돌아갑니다

꿈쩍하지 않는 무정한 당신
그대 향한 내 마음 꺼지지 않는 불꽃으로
활활 타고 있습니다

네거리 파란 신호등 켜지면
선 채 달려가려 합니다
먼 당신
당신은 하늘과 땅 사이에 있습니다

나무 생각

허기와 가난에 굴하지 않는
선비다운 기품을 가진 나무
하늘을 우러러보고
땅을 사랑하는 선천성 자연주의자라

나무 앞에 배경을 세우고
배경 뒤로도
세상을 읊는 풍경디자이너

눈꽃 옆에서

눈이 내립니다
눈 뜨고 내리지 못한 눈발이
지붕에도 과수원 사잇길에도 내려앉습니다

백색 세상
푹푹 빠지는 눈길을
혼자 걷는 눈꽃 사람
눈송이 엉킨 설경 만나더라도

저벅저벅 눈 녹은 밤길 걷는 나그네여
벽난로 주전자 끓는 물소리 그립지 않은가

눈 속을 헤매다
눈 속에서 깨어나고 싶은
한 아름 눈송이

생명이 생명에게

바람 불고 눈 내리는 엄동설한
헛간 구석에서
자정에 새끼를 낳은 고양이

서늘한 어미 등짝이 생각났다

덮을 거리 들고
바람 잦아들 듯
꼼짝거리는 싸늘한 새끼발가락
덮어 주었다

조는 듯 자는 듯
젖 물린 어미 모습
잠자코 바라보던 헛간이
페이지를 넘기고 있다

산지천 회심

없는 중인문 열고 안으로 드니
잡힐 듯한 옛것들
바람 뒤에 숨어 보이지 않는

산지물 여울지니 바닷바람 거세게 분다
산포에 고깃배
어옹은 간데없고

을씨년스런
즐비한 시멘트 옹벽

쓸쓸한 풍경

손 시린 햇살 담 넘어 온다
구절초 핀 언덕배기
귤 익는 소리 가득하다

아이는 방바닥에 엎드려
물끄러미 바라보는 아버지
주름진 얼굴을 그렸다

금 없이 팔려 간 밭떼기
돌담에 숭숭한 바람이 불고
서지 않는 장날
기고만장 거나하신 아버지
술병도 술주정도 없이
세상 밖으로 밀려가고

빈 포대 자루
담벼락에 내팽개쳤다

산 것들은 모두 시들어 갔으나
귤밭은 아름다웠다
풍경이 밥 먹여주나
아버지의 헛기침 소리
천천히 삽짝 밖으로 빠져나간다

2부

커피의 품격

간이역에서

아직 그곳은 가지 못했습니다
그곳에 당신이 계실 것이라는 막연함이
알아보지 못하는 무관심이 두렵습니다
지는 꽃이 아름답다 하기엔
우리는 너무 멀리 와 있습니다
지평선 멀리 바닷가 무지막지 철썩이는 파도 소리
내 사랑이라 했습니다
헤어짐이 이별 아님을 믿기에
마지막 잔을 비우지 못합니다
서지 않는 간이역에서 있는 듯이
기다립니다
당신을 출렁이며

늘그막에

온전히 하루를 건너기 위해
누군가를 꼬드겨야만 한다

낯익은 썰렁한 새벽
출출한 부엌을
어슬렁거리게 하는 허전함을
늙어보면 알게 된다

숭숭한 돌담 그 옆에 매화꽃
은은한 향기 드러내놓고
반기지 못하는 서글픔을
늙어보면 알게 된다

빈들 지나 한참을 더 가서
묘 뒤로 지는 해
물끄러미 바라보는 우두커니를
늙어보면 알게 된다

입을 모아 말하네
나무와 바람과 구름이 까칠한 얼굴로

아무도 찾지 않고
누구도 그립지 않은 외로움
그대가 살아온 어제의 버팀목이었고
앞으로 품고 살아갈 가슴임을

은은한 매화향
하루를 건너간다
하루는 나의 전부요 우주다

장례식장 가는 길

부음 없이 장례식장 가는 길
흙빛 얼굴로 가을이 먼저 와 있었다

벌레 먹은 열매 쓸어 담는
빈 귤밭 머리채 성성한 돌담 따라
스산한 바람이 불고 있었다
뼈대 앙상한 담장이
넝쿨 몇 잎 안 되는
단풍 목을 달고 글썽이고 있다

사소하지 않은

해 넘긴다고
뜨지 않는 태양이 있겠는가
마지막 달력을 접는다 해서
흐르지 않는 물이 있겠는가

소를 이루는 물은 여울지듯 같은 물이 흐르지 않기 위해
이파리 같은 엽서 한 장 띄워 보낸다

자기에게 관대하지 않기를
지는 꽃이 엄정하다는 것을
당신의 마음을 따라
종소리는 멀리 퍼진다는 것을

모든 길은 내게로 향하고 있음을 알게 하소서
처음 보는 바다가 끝이 아니라 시작이라는 것을

매화의 꿈

달빛을 늘어놓은 듯 폭설이 내렸다
까마귀 우짖던 새벽길도
그대 다정한 오솔길도 쓸어 갔다
발 시린 아랫목 벌겋게 핏발 선
전기난로가 안쓰럽다
창밖의 아스라한 눈밭의 매화
눈 속으로 눈 속으로
달빛을 쓸어 마신다
그대 향기 마르지 않게
폭설을 뚫고 피어날
매화 한 송이
서럽도록 보겠네

고독한 남자

덤불 헤집고 온 만삭의 달
사각사각 풀벌레들
연장도 없이
갉아먹는다

미완의 초승달
창가에 기우면
나는 현을 켠 달빛 하나로
하루를 건너간다

푸르스럼한 햇살 아래 부는
서늘한 바람
명치끝이 아파온다

처마 끝
심어 놓은 시래기의 꿈마저 뒤틀리고
핏기 없이 말라간다
남새밭 아랫목 묵은 항아리
피울 수 없는 식은 모닥불에 쩍쩍 금이 간다

찻집에서

설문대할망이 놓다만
다릿발 보일 것 같은 갯바위
성성한 바닷가 할머니 찻집이 있다
전설은 내 마음의 고향이라 찾는 이유이기도 하다

가끔은 빈 의자 앞에 놓고 차를 마시곤 한다
알 것 같은 누군가가 앉았다 갔을

조금씩 줄어드는 커피잔을 두 손으로
꼭 감싸 쥐고
그대도 당신도 아닌 누군가의 온기가 스미어 온다
커피잔은 온기를 잃고 바닥을 내보인다
모든 기억이 희미해지는 것 같아
빈 의자는 싸늘한 흔적을 조금씩 지우고 있었다
바람도 그대도 아닌 당신

바다는 전설을 쌓고 빈 의자는 당신을 채운다
따끈한 커피
당신입니다

산굼부리 억새

가을이 오면
맨 먼저 단풍 드는 쓸쓸한 구석이 있다
여태껏 다물지 못하고 목구멍까지 차오른
태고의 고요
꿀꺽 삼킨다

바람 무덤 발치에 두고
그대가 오르고 내리던
돌계단 벌어진 틈 사이로
제집처럼 드나드는 무량
고비마다 파 놓은 구덩이
언제나 억새가 있었다

산굼부리 억새
너를 잊지 못하는 것은
억새 핀 가을 때문

바닥만 보며

사막의 모래처럼 걸었다

들판의 들풀처럼 걸었다

정자나무 은행잎처럼 걸었다

퉁퉁 부은 발등 보이기 싫어
감나무 잎사귀만 보고
빈집에 퍼질러 엉엉 울었다

우리집 정원

벌레 자국 많은 열매가 맨 앞줄 상석에 앉은

우리 집 정원은 아무것이나 그려도
풍경이 되는 도화지 같은 것이다
사방 모두가 허술한 바람의 집이다
우리 집 정원은 누워서 볼 하늘이 있다

가을볕 쬐는 한나절
까치발 종종걸음 뒷모습 탈속의 극지를 보는 듯

바람은 사시를 안고 돌아가고
우리 집 정원에는 천상의 꿈
박꽃처럼 피고 있다

귤밭에서

입 벌린 열과들
한여름을 털어 낸다
가난한 풀들이 금싸라기 작은 꽃을
마구 쏟아내고
흰색 보랏빛 분홍 풀꽃에는
가을빛 귤향기가 배어 있다
풀보라 뒤꿈치 높이 들고 사뿐히 걸어
바짓가랑이 곳곳 풀꽃 향기 흥건하게 묻혀

가을을 먼저 가는 귤밭
이번 추석에는 처갓집에 가겠네
마음이 놓이는 귤밭

커피의 품격

찻잔 속의 커피는
아랫목의 온기이다

찻잔 속의 커피는
불혹을 넘긴 얼굴이다

찻잔 속의 커피는
들판에 잘 다듬어 놓은 정원수다

커피가 묻고
품격이 답한다

억새

억새만 바라보다 돌아왔습니다

없는 당신을 데리고
이름 없는 벌판을 지나
돌무덤 저편 바람에 쓸리는 억새만 보다
마음은 타나 담은 재같이

억새만 바라보다
없는 당신을 데리고
돌아왔습니다

한 해가 저물 때

한 해가 저물어 갈 때는
등 뒤로 빠져나간 바람의 흔적을 되뇌어 볼 일이다
겨우내 어리고 서린 꽃향기 끝내 팔지 않은
매화나무 매화꽃 그 성체의 그늘을

소나기 그치고 골을 타고 떨어지는 낙수
바람에 흔들리는 물의 응집력
격량을 이기고 돌아온 작은 고깃배
상처받은 마음 문신들을

어제의 영혼은 육신으로 되돌려주고
사소한 물결은 지평으로 보내고
눈부신 아침 햇살은 온누리 가득
껴안아야 할 한 해가 저물어간다

허구한 날

하늘에 우물을 팠습니다
오랜 가뭄 끝
고개 숙여 들여다보았습니다
구름이 지나가고 바람이 가고
초췌한 한 얼굴이 있었습니다
돌아와 그 얼굴이 보고 싶었습니다
보일 때까지
맨 나중 빈 두레박
기우제 비문이 가득 올라왔습니다
하늘에는 사람이 살지 않습니다
하늘에는 허구한 날
신들이 많기 때문입니다

3부

새벽 두 시

당신은 오름

오랜 세월 싸고도는 여울물인 양
뒤척이는 강물 되어 당신은 갔습니다

꽃잎 터지는 여름
하늘 빛깔 인양
저무는 저녁으로
당신은 갔습니다

높음 앞에 비굴하지 않고
낮음에 거만하지 않은 당신
당신은 평범을 가르쳐 주었습니다

신음

휘몰아치는 비바람
나뭇잎 통째로 흔들어 후드득 떨어지는 빗방울

비와 태풍 눈발까지 시퍼렇게 솟구쳐 불어오고

상처 입은 산짐승
산자락 한 모퉁이
신음하듯 젖습니다

벌판을 가로질러
옹이 패인 정자나무

세월의 한 모서리
젖으며 부서진다

새벽 두 시

휘영청 달이 나무에 있습니다
어둠이 어둠 밖으로 걸어 나가는 꼭두새벽
눈을 내리 깔고 달이 떴습니다

햇빛 한 줌 훔친 누명 때문에
나무는 검은 외투를 벗지 못합니다

올 듯이 구름이 지나갑니다
나뭇잎들이 일렁입니다
달이 기웁니다

어둠을 거두고
누명을 걸머지고
숙명처럼 나를 지우고
달이 졌습니다

깃털

손 닿을 뻔한 그곳에
푸드덕 놀란 꿩이 날아올랐다

푸석한 눈
닿을 만한 그곳
가시덤불 깃털 몇 개
악착같이 달라붙는다

태어나기 위해서는
이웃이 좋아야 한다

깃털이 품은 하늘
새털구름 저무는 들녘을 품고 품는다

무명초

이름 대신 무명초
문패에 고쳐 썼다
한동안 비 오지 않고
하늘도 맑았다

무는 바람에 씻기어 가고
명은 쪼아 새가 먹어 버렸다
초는 벌레가 물고 갔다

한동안 비 오지 않고
하늘도 맑았다
산 중턱 쓸쓸한 묘비명에는 쓰다 남은
노령연금 여기에 잠들다
다시 고쳐 썼다

한동안 비 오지 않고 하늘도 맑았다

매화

겨울은 길고
밤 깊은데
휘영청 달빛
베개맡에 젖는다

뒤척이는 꽃매화
향기는 끝내 팔지 않았다

창밖에 달마저 기울고
뒤척이는 베개맡

눈은 내리고

자주 찾던 성당
털목도리 할머니가
돌계단 위에 기도하듯
함박눈이 내립니다

금이 간 장독대 위
모이 같은 싸락눈이 내립니다
새들이 쪼아 만든 남새밭
겉모습은 달라도 눈마음 같습니다

눈이 그쳤습니다 거짓말처럼
폭삭 내려앉은 비닐하우스 철골
그 위로 눈부신 햇빛

한 아름 햇살을 피운 봄
겨울에 손을 흔듭니다

땅 헤집고 연민 같은 것이
가슴에 저며옵니다

허공

인생은 낡고 태양은 차갑고
길은 좁아져 사람들은 쓰러지고
흘릴 눈물 다 마르고
몸 바꿀 때
모든 목숨은
열쇠 꾸러미 하나씩 목에 걸고
모로 눕는다

생의 모태는 한 조각 허공
삶이 던지고 간
마지막 불립 문자
아득하고 아득하여라

아직은 겨울

미풍에 흔들리는 나뭇가지
때 되면 가지고 싶은
애틋한 사랑이 있다

초록에 겨워 울음 삼키는
밭두렁 생에도 누리고 싶은
간절한 소망이 있다

아직은 겨울 끝자락
신발 뒷굽에 묻어온 솔개비
문턱을 넘지 못한다

적막이 때를 만날 때까지

나의 벗은 셋

벗 중 하나는
게으른 농부이고
둘째는 시 쓰다 꼬깃꼬깃 버린
A4 용지이고
나머지 하나는 아무 데나 기웃거리는
철딱서니 돌바람이다

친구 없는 제주에서
모처럼 만난 벗이니
잠들 때는
언제나 붙어 잔다

바다 구름

질척거리는 골목을 꺾어
금 간 담벼락 타고 내리는 빗물
어느 생이 그린 그림입니까

흰 나뭇가지 끝에 맺힌 빗방울
누구의 눈물입니까

세월만큼 넘친 흙탕물
비에 씻겨 낮은 곳으로 갔습니다

기다린 듯 개인 바다에는
환하게 바다 구름이 웃고 있습니다

잔설

담장 밑 잔설
그늘이 깊었다
손 닿지 않아도
아랫목 같은 따스한 온기가 있다

빙하기의 북극곰
북쪽 깊은 곳으로 가 버리고
화덕에 둘러 놀던 아이들도
집으로 돌아갔다

한동안 떠나보내고
남은 자의 고독인 양
너는 창백했다

세월은 가고 오는 것
기다리지 않아도
잔설을 벗겨 실눈 뜨는 봄

그대 생이 끝나는 날
겨울이 완성되는 것이다

풀

풀이 눕는다
불볕에 주눅 들지 않았던 당신
번개 치고 세찬 바람 불어도
꽃 피웠던 당신
들판에 들국화 처연한데
풀이 눕는다
해탈한 성자처럼
한세상 나고 지는 생멸이
어찌 쉽고 가벼울 수 있으랴
누운 자리 위
낙엽 떨어지고 흙이 되고
그대 만나 피울 꽃이 되는
귀뚜라미 풀처럼 운다

가을이다
눕기 전에 사랑하자
사라지는 것들은 아름답다

겨울 사랑

대문을 나서는데 옷이 영
마음에 들지 않았다
두툼한 모자며 투박한 잠바 차림
겨울 사랑 무게만큼
나무는 연초록 싹을 낳고
가지를 뻗는다

있는 돈 탈탈 털어
그늘 넓은 모자와
홑겹데기 같은 윗도리 하나 샀다

돌아오는 마을회관
문밖으로 목을 내밀고
개나리 벚꽃 배시시 웃음 지으며
기다리고 있는 봄

내가 당신을 만나

흙이 돌멩이를 만나
집터가 되고
바위를 만나 태산이 됩니다

나무가 목수를 만나 의자가 되고
주춧돌을 만나 집이 되며

내가 당신을 만나 그리움이 되었고
내가 당신을 만나 풍경이 되었다

내가 나를 만나
당신이 되었습니다

사람을 만나는 것은
몸살을 앓는 일입니다

4부

붓끝 따라

오름길

모든 것들의 끝에는 바다가 있듯
오름에는 사람의 마을이 있다
밭두렁 지나 건천을 건너
오름에 이르는 길 그대 눈썹 같다
발끝에 닿는 가지에 조용히 귀 대면
다그닥 다그닥 말발굽 소리 들린다
들풀의 무릎은 연골처럼 부드럽다
신과 발이 연애하듯 걷다 보면
어느새 들꽃의 허리를 감는다
오름에는 정상이 없다
내림의 시원일 뿐이다
하루가 끝나지 않는 길
오두커니가 기다리고 있다
미소 핀 동자석

비자림 숲길

머리카락 풀어 놓은 듯
물보라 치는 바다
숲 가는 길 예사롭지 않다

가까이 사람들로 벅적거렸으나
숲은 범접할 수 없는 적막이 흐르고
숲길은 한 치 오차 없는 곡선

멈춘 시간을 밟으며
침묵이 지배하는 세상을 걸었다
가진 것 훌훌 다 털고
발밑에 내려놓고서야 나무가 보였다
해탈승 성자 같이 남루한 나무

천상의 나비야 날아와 속삭여다오
등 굽은 나무의 겸손이
바람이 분질러 놓은 풀내음이
내 사랑인 것을

돌하르방 세상의 미소가 깊고 크게 패여 있었다

사라진 것들

바다 향해 열린 창으로 안개는 사라지고
갯바위 물미역 내음 묻어난다

들판으로 열린 창 너머
나뭇가지 물오르는 흙냄새 묻어난다

그대 향해 마음 열리고
가슴이 풀리는 사라진 것들이 밀어 올린 현현함
그들이 비록 내 두 눈을 속일지라도

그대여 바다 건너
벌판을 지나 멀리 온 그대여
사라진 작은 풀씨의 서원을 들었는가

사라진 잔설이여
사라진 겨울이여

소식

전깃줄 까치들 꽁지 까닥이며 지저귀고
눈 닿은 우편함 꼬깃꼬깃 구겨진 듯한
우표 자리에 소인이 없었다
당신은 바다를 건너지 못하는 산처럼 멀리 있어

사람을 만난다는 것은 몸살을 앓는 일

아무 효과 없는 아스피린 통째로 삼켰다

붓끝 따라

누군가 남기고 간 자리
비스듬히 저녁 햇발이 스미어 드는데

새들은 날갯죽지에 얼굴을 파묻고
어둠을 살리고
나무들은 가지에 가슴을 묻고 밤을 보낸다

나고 드는 자리 당신은 하나인데

필묵은 붓끝을 따라가고
바람은 흔적을 남기지 않는다

한 해가 다 가는데

진눈깨비 풀풀 내리는
얼룩진 창밖에 떠도는 바람

홍시 없다 떼쓰는 눈 시린 어미 까치
해지도록 우짖는 소리
내 사랑이네

피다 피다 못다 핀 배롱나무처럼
꽃진 자리에 치근거리는
가을비 내 사랑이네
어찌하랴

한 해가 다 가는데
철없고 가련한 내 사랑이여
보이지 않는 막다른 골목에서
엉엉 울고 말았다
다락방 구석에서

절물오름

하늘에 우물을 팠습니다

질린 얼굴이 파랗습니다

구름이 갑니다

별이 집니다

달 기운 새벽하늘
공기보다 가벼운 무게로 수면이 흔들립니다
나무 계단 난간에 가만히 기댄
절물오름 서천으로 가면
내가 나인 무거움으로
두레박이 또 한 번 출렁합니다
마음 없는 마음에
파꽃이 피었습니다

무심의 한 조각

구름은 흩어져
길 아닌 길, 길처럼 간다
바람을 만나도
길 아닌 길 바람처럼 가며

가뭄에 단비처럼 농부를 만나고
외로울 때는 구름에 달 가듯
시인을 만난다

묻지 마라 산마루 넘어가는
저 구름아 길 아닌 길 없다
노 저어 강 건너는 뱃사공
몇 물인지 물 때 묻지 마라

구름은 옆구리에 세월을 끼고 산다
어찌하랴 흐르는 세월을
어찌할꼬 가는 구름을

구름은 흩어져 잘 산다

침묵할 시간

우기 섞인 바람
헛간을 기웃거립니다.

단지에 낀 푸른곰팡이 고무장갑으로 걷어 냈습니다.
남새밭 울타리 부추꽃 피어 있습니다. 숲길 들국화 봉오
리 맺히려 합니다.
사랑 같은 것 접어두고 바람으로 꾹꾹 눌러 놓았습니다.
이제 누군가에게 우표 한 장 붙여 보내야 할 시간, 차분한
침묵을 기다립니다.

건너야 할 침묵
삽짝 밖 전깃줄을 흔들고 갑니다.
산문의 풍경처럼.

지는 꽃

흐르는 빗물은 누구의 눈물입니까
문안을 서성거리던 여인은 이내 갔습니다
문틈에 낀 귀뚜라미 울음소리
누가 던진 아픔입니까
꽃 지면 그만이지 되돌아오나 봅니다
한 사내가 꽃진 그늘 한참을 보다가 돌아갔습니다
두 사람 네거리에서
만났습니다
둘은 모르는 사람입니다
채울 수 없는 빈 주머니 차고 헤어졌습니다
빨간불 파란불 노란불 모두
어제처럼 켜 있습니다

붉은오름

불혹을 넘긴 나무들
그 그늘이 깊다

꾸지뽕나무 산딸나무 쥐똥나무 참식나무 서어나무 때죽나무
종가댁 며느리 무명 같다

그늘 속에 그늘이 있었다
그늘의 끝에는 언제나 뜨거운 삶이 있었다

흙빛 얼굴을 한 그루터기 앞에서
별안간 걸음을 멈춘 것은
미움도 연민도 아닌
한 그루 그늘이었다

풀꽃 곁에서

작은 것이 사랑입니다

발가락 사이
우표 대신 찍은 소인처럼
풀꽃이 피어
만지면 금새 분질러질 것 같아

굽힐 줄 모르는 고생대 이끼처럼
가을 맨 앞줄에 서 있는 그대

어쩌다 발가락이 꼼짝거릴 때
앞산 뒷산 새들의 천국

가난한 가을 한 모서리
그대 까칠한 얼굴이 완성되는

가을 저편

노을 지는 저편은 가을인가 봅니다
혹시나 해서 그대 먼 창 열었스빈다
억새 갈대처럼 피어 있습니다
먼저 보낸 그늘진 구석이
가을을 반추합니다
어처구니 없는 허망한 꿈
사금파리처럼 떨어져 자리 한 귀퉁이가 나갑니다
지나간 것은 지나간 대로
어부는 물때를 기다릴 줄
빈 가을이 아름답습니다

비 오던 날

안갯속으로
우산도 없이 빗방울 튕기며 부르는 나무들의 노래
눅눅한 방구들 타고 남은 불씨 껴안고
뜬눈으로 그대 곁에 있었습니다

하는 일 없이도
몸 어딘가 쑤셨습니다
안개 피우는 소리 같기도
나무 옷 젖는 소리
장작 타는 소리 같던 비 오던 날

처마 아래 쳐 놓은
거미줄 맺힌 물방울 안에서
우는 벌레소리 들리는 듯합니다

그대 곁에 있을 수 있었습니다

에메랄드빛

구좌면 세화리 오랜 바다
보고픈 나룻배 먼저 보내고
씨줄 날줄 없는 외줄낚시
구름 한 점 걸었다
그리 멀지 않은 너와 나의 거리
눈시울 붉어져
파도는 부서지고 사라지는데
눈부신 파란 그리움
다시는 오지 않으리
수평선 곧은 다짐
용서 받을 수 없는
바다의 깊이 간직한 채
바다는 잠수한다
내일을 위해

■□ 해설

대자연의 사물을 향한 그리움과 독백의 미학
―홍창수 시집, 『고독한 남자』 탐색

_김필영(시인, 문학평론가)

■□ 해설

대자연의 사물을 향한 그리움과 독백의 미학
-홍창수 시집, 『고독한 남자』 탐색

김필영(시인, 문학평론가)

  집(家), 한 채를 건축하는 일과 시집 한 권을 엮어내는 여정은 비슷한 면이 많은 것 같다. 시인을 감동하게 한 시적 대상이 사유의 렌즈에 포착되면, '기본설계' 하듯 시인의 사유가 시작된다. 그 시점을 지나면서 시인은 그 대상의 외면과 내면의 깊은 곳까지 입체적으로 분석하고, 그 대상과 관련된 모든 대상을 향해 4차원을 넘어서는 상상의 망원렌즈와 현미경을 가동시켜 사유하며, 시적 대상의 존재적 이미지와 상징, 시로 은유할 묘사를 구상하여 마치 '개발설계 과정'과 '실시설계 과정'을 거치게 된다. 이제 시인은 설계를 마친 설계도로 건축공사를 시공하듯, 사유한 시적 대상을 가장 감동적인 언어로 표현하여 건축물을 축조하는 과정과 흡사한 과정을 거치며, 독자가 감동할 시어로 서정의 질서를 잡은 언어에 내재율과 외재율을 구성지게 조합하며 행간을 채워나간다. 건축물이 시공을 마치면 준공검사를 하듯, 시인이 지은 詩도 퇴고推敲과정을 거치며 사족蛇足은 버리고 채워야 할 표현은 갈고 닦으며 기승전결起承轉結을 극대화시키며 독자의 서정적 호흡에 알맞게 행간에 채워 넣어 한 편의 시를 완성한다.

홍창수 시인은 『바람의 헛간』, 『홍창수 모릅니다』, 『당신은 하루를 건너는 노을』 등, 3권의 시집을 세상으로 시집보내고, 이번에 네 번째 시집을 발간하게 되었다. 집을 짓는 일과 시집을 엮는 일을 유사공정으로 서두에 언급한 것을 상기하니 '사람이 집을 한 채 지으면 5년은 더 늙는다.'는 말이 스쳐 간다. 3권의 시집을 낸 홍 시인은 15년을 세월을 더 빨리 보낸 것처럼 내공이 참으로 깊어졌겠다는 생각을 해본다. 시인들 사이에서는 시집을 엮어내는 일은 산고를 겪는 것과 같다는 말도 하는바, 네 번째 시집을 발간한다는 일은 실로 대단한 일이다. 마음 깊이 축하드리며 홍창수 시인의 시를 탐색해 본다.

(1) '그리움'이라는 갈망, 詩의 발아점

모든 시인은 시적 대상에 대한 '그리움'이라는 아포리아(Aporia)적 상황을 겪게 되었을 때, 절실한 갈망의 수렁에서 허우적거리게 되고 그 몸부림의 끝자락에서 깨어날 때쯤 자기만의 시향을 지닌 詩를 얻게 되는 것 같다.

시적 표현 중 관념어의 극점에 존재하며 세상에 존재하는 사람의 생각을 모두 끌어와도 모두 다른 무형적 시어인 '그리움'은 시인의 수효만큼 다채로워서 난공불락의 난제이나 시인에겐 존재의 상황과 맞닿아 있는 자아의 시세계를 향하여 헤쳐 나가야 할 숙명적 선택인 듯하다.

홍 시인의 시편 속 그리움과 기다림 끝에는 시인만이 바라보는 존재가 있음이 감지된다. 이번 시집의 서두 "시인의 말"에서 "누군가를 사랑하는 것은/ 그대 안에/ 못 다 쓴 시 한 구절 심어 놓고/ 내 것처럼/ 들려주는 일입니다."라는 고백에서 그 점을 귀띔해 주고 있다. 따라서 이번 시집은 "대자연의 사물을 향한 그리움과 독백의 미학"을 독자에게 밝히는 시의 향연이라 하겠다. 이제 그 대자연의 사물과 대상을 향한 그리움으로 어떻게 '시'라는 '집'을 축조했는지, 홍창수 시인이 정성을 다해 빚은 詩 속으로 들어가 본다.

> 보이지 않는 그 어디쯤
> 서로 몸 비비며 모여 사는 가난한 낙엽이 있다
> 푸석푸석 마른 들판을 지나 그 어디쯤
>
> 헐벗은 무덤 껴안고 장성처럼
> 서 있는 나무도 있다
> 덧문 닫고 그 어디쯤 부는 바람
> 엿듣는 허공을 지키는 빈방이 있다

끝도 시작도 없는 그 어디쯤
빈 가지 흔들며 하루를 건너는 바람도 있다

구름과 구름 사이의 하늘이 더없이 푸르듯
그늘진 구석에 드는 햇살이 깊고 따뜻하다
그리 멀지 않은 그 어디쯤

그대가 아닌 당신이기를
음절이 아닌 음표이기를
그 어디쯤 심중에 남아있는 내 사랑이네

당신을 두고 그 길
포기하지 않을 것입니다

- 「그 어디쯤」 전문

위 시, 「그 어디쯤」은 화자가 대상을 향한 그리움으로 티 없는 갈망을 행간에 펼친다.

1연에서, "보이지 않는 그 어디쯤/ 서로 몸 비비며 모여 사는 가난한 낙엽이 있다/ 푸석푸석 마른 들판을 지나 그 어디쯤"이라고 "낙엽"을 등장시켜 화자의 마음을 감추고 있다. 이어지는 2연부터 "헐벗은 무덤 껴안고 장성처럼/ 서 있는 나무"와 덧문 닫고 그 어디쯤 부는 "바람"과 "엿듣는 허공을 지키는 "빈방"이 이어져 등장한다. 이어지는 3연에서 다시 "끝도 시작도 없는 그 어디쯤/ 빈 가지 흔들며 하루를 건너는 "바람"을 등장시킨다. 2연의 바람은 가까운 거리에서 부는 바람이고, 3연의 바람은 대지와 광야에 부는 바람이나 그 보이지 않는 바람이 부는 것을 통해 "그 어디쯤"이라는 보이지 않고 지정할 수 없는 대상이 존재하는 위치의 모호성을 에둘러 강조하고 있다.

  이처럼 그리움의 대상이 존재하는 위치와 상태를 가늠할 수 없음에도 화자가 절망하지 않는 이유는 무슨 까닭일까? 심리적으로 초월하는 마음이 작용하게 된 연유를 4행에서 알게 한다. "구름과 구름 사이의 하늘이 더없이 푸르듯/ 그늘진 구석에 드는 햇살이 깊고 따뜻하다"는 표현 중간에 '구름과 구름 사이의 하늘 한 조각'의 푸름에도 희망을 갖는 마음을 간직하고 있음이다.

  시의 종결에서는 그리움의 대상을 비로소 밝힌다. 스스로에게 확신을 잃지 않으려는 기대와 다짐이 강렬한 만큼 "그대가 아닌 당신이기를/ 음절이 아닌 음표이기를/ 그 어디쯤 심중에 남아있는 내 사랑"이기를 희구한다. 독자가 느껴질 수 있는 안타깝고 가녀린 그리움이 화자에게 결코 일시적 충동이 아닌 걸어가야 할 삶이자 일상으로 여겨지는 것은 "당신을 두고 그 길/ 포기하지 않을 것입니다"라는 명백한 선언 같은 약속이자 다짐에서 독자의 가슴에 산울림처럼 여울져 스며든다.

달리는 차창 너머 하늘이 보입니다
하늘은 파도치고 구름이 껴도 흔들리지 않습니다

달리는 차창 아래
우도는
바퀴에 할퀴고 흙먼지에 덮여 쓸지라도
동요하지 않습니다

우리가 끄는 수레바퀴
움직이지 않는 것에 의지해 돌아갑니다

꿈쩍하지 않는 무정한 당신
그대 향한 내 마음 꺼지지 않는 불꽃으로
활활 타고 있습니다

네거리 파란 신호등 켜지면
선 채 달려가려 합니다
먼 당신
당신은 하늘과 땅 사이에 있습니다

- 「우도행 버스」 전문

위 시 「우도행 버스」는 섬 속의 섬, 우도의 순환버스가 달려가는 차창 밖으로 펼쳐지는 풍경과 그리움의 대상 사이에서 우도의 풍광에 대한 낭만과 서정을 묘사한 작품이다.

차창을 통해 시야에 들어오는 우도의 바다와 해안선

그리고 수평선을 시선으로 포착한 홍 시인의 표현이 청량하다. 화자가 하늘을 주목한 이유는 무슨 까닭일까? '하늘'은 무한대의 공간이다. 인간의 영역을 벗어난 초자연적 절대자와 초월적 존재들의 공간으로 여겨지는 하늘에 그리움의 대상을 향한 시선이 하늘이라는 방향성을 지향하며 뻗어간 것 같다. 1연에서 "하늘은 파도치고 구름이 껴도 흔들리지 않"는다는 표현에서 파도로 출렁이는 바다와 버스의 이동 속도 사이로 하늘에 낀 구름의 모습과는 대조적으로 정지된 풍경 속의 하늘이 묘사되었다. 하늘로 은유된 화자의 마음 가득한 그리움의 빛깔이 하늘빛과 같다.

2연과 3연에서 강조되는 테마는 '움직이지 않는' 사물이다. "달리는 차 창 아래/ 우도는/ 바퀴에 할퀴고 흙먼지에 덮어쓸지라도/ 동요하지 않"으며, 설령 모든 이동하는 차량으로 대변하는 "수레바퀴"가 돌지라도 그 배후에는 움직이지 않는 것에 의지해 돌아간다는 것을 표현한다. 이는 변치 않는 우도와 함께 변치 않는 사랑을 늘 간직하고자 하는 마음을 은유하고 있다. 그런 면에서 시인은 우도가 그리울 때마다 성산포에서 배를 타고 우도를 다녀왔을 것이란 생각이 든다.

우도행 버스의 차창 밖으로 펼쳐진 먼 '하늘'은 결국 4연에 등장시킨 "꿈쩍하지 않는 무정한 당신"이라는 "우도"의 존재성을 극점으로 묘사하기 위한 대조적 자연의 존재였음을 알게 된다. 사라지지 않을 존재를 향하여 "그대 향한 내 마음 꺼지지 않는 불꽃으로/ 활활 타고 있"음을 알려주므로 잠시 교차로에 우도행 버스가 정지하였을지라도 네거리 "파란 신호등 켜지면/ 선 채 달려가"겠다는 의지를 밝힌다. 그리움의 대상을 향한 화자의 멋진 질주는 끊임없이 지속될 것임을 느끼게 한다.

(2) '가을'의 사색 - 기다림의 시학

다가가고 싶은 대상에 대한 그리움으로 살아가는 방식에서 호흡할 수 있게 하는 원천은 '기다림의 힘'에서 나온다고 해도 과언이 아닐 것이다. 물론 그 기다림의 실타래 끝에는 선망하는 존재가 있다는 가정을 넘어 기대와 확신에 기초하고 있을 것이다. 홍창수 시집에 수록된 시편 중에 "가을 풍경"이 많은 것을 홍창수 시인이 느끼고 있을지 모르나 우연만은 아닐 것이다. 이제 홍창수 시인의 '가을의 시'를 통해서 자연의 사물을 향한 '그리운 존재에 대한 기다림'을 느껴보기로 한다.

> 풀이 눕는다
> 불볕에 주눅 들지 않았던 당신
> 번개 치고 세찬 바람 불어도
> 꽃 피웠던 당신

들판에 들국화 처연한데
풀이 눕는다
해탈한 성자처럼

한세상 나고 지는 생멸이
어찌 쉽고 가벼울 수 있으랴

누운 자리 위
낙엽 떨어지고 흙이 되고
그대 만나 피울 꽃이 되는
귀뚜라미 풀처럼 운다

가을이다
눕기 전에 사랑하자
사라지는 것들은 아름답다

- 「풀」 전문

  위 시에 제목의 "풀"은 가을을 지나며 한 생을 다하고 스러지는 초본식물草本植物 통칭하여 언급한 것처럼 보이나 전개되는 표현으로 보아 화자가 어느 가을의 산책길에서 초록의 싱그러움을 잃고 시들어 눕는 풀을 눈앞에서 보고 말하는 듯 전개되고 있다.
  시는 "풀이 눕는다"로 시작되고 있다. 풀잎 끝에 맺히는 이슬은 가을이 깊어지며 한로寒露를 지나면 찬 이슬이 맺힌다. 그리고 상강霜降이 가까워지면 풀들은 싱싱했던 초록빛을 잃고 수분과 섬유질을 몸에 보유한 정도에 따라 하나둘 눕기 시작한다. 화자가 가을을 지나며 풀밭을 주목하게 되었을 때, 풀이 누운 장면을 보며 그리운 사랑의 대상을 떠올리게 된다. "불볕에 주눅 들지 않았던 당신/ 번개 치고 세찬 바람 불어도/ 꽃 피웠던 당신"이라는 표현에서 "풀은 곧 당신"이라는 등식을 통해 풀은 화자에게 가장 가까운 대상과 같은 존재로 자리하고 있다. 풀이 누운 것이 '소멸해 가는 의미'라는 점에서 그리운 존재와 동격으로 환유하여 화자는 안타까운 마음으로 '누운 풀'을 '당신'이라고 부르는 것으로 보인다.

시의 중반의 표현에서는 생멸의 극명한 대조를 묘사하고 있다. 가을이기에 꽃이 피는 "들판에 들국화 처연한데/ 풀이 눕는다"는 표현에서 들국화라는 꽃과 소멸하는 꽃의 대조적 상황을 비유하며 풀의 소멸을 향한 스러짐을 안타까워하고 있다. 생멸을 겪는 의미에 대한 겸허한 마음으로 "해탈한 성자처럼/ 한세상 나고 지는 생멸이" 결코 쉽고 가벼운 것이 아님을 "어찌 쉽고 가벼울 수 있으랴"라는 반어적 자문으로 안타까워한다.

시의 종반부는 "누운 자리 위/ 낙엽 떨어지고 흙이 되"는 자연계의 순환과정과 같은 생멸의 모습이 자연의 이치임을 인정하게 한다. 풀과 자아가 멸성이라는 동질의 존재이나 "눕는 존재"라고 할지라도 그 소멸은 끝이 아니라

"누운 자리 위/ 낙엽 떨어지고 흙이 되고/ 그대 만나 피울 꽃이 되는" 과정에서 모든 결과가 궁극의 끝이 아님을 강조해 준다.

마지막 연은 그 상실을 앞에 둔 가을이라는 시점에서 살아가야만 하는 또 하나의 동기를 제시하고 있다. 상실도 생의 길에 순리라면 아름다운 것이라고 "사라지는 것들은 아름답다"는 역설로 노래한다. 소중한 존재들을 사랑하고 상실과 소멸을 받아들이는 자세에 대해 겸허히 마음을 가다듬게 한다.

불혹을 넘긴 나무들
그 그늘이 깊다

꾸지뽕나무 산딸나무 쥐똥나무 참식나무 서어나무
때죽나무
종가댁 며느리 무명 같다

그늘 속에 그늘이 있었다
그늘의 끝에는 언제나 뜨거운 삶이 있었다

흙빛 얼굴을 한 그루터기 앞에서
별안간 걸음을 멈춘 것은
미움도 연민도 아닌
한 그루 그늘이었다

- 「붉은오름」 전문

위 시 「붉은오름」에서 가을 오후의 찬란한 빛이 나무들 사이로 스며들고 있는 풍경이 그려진다. 화산송이로 인해 흙이 유난히 붉다는 데서 "붉은오름"이라 하는데, 시인이 "붉은오름"에서 발견한 것은 흙이 아니라 "그늘"이다.

첫 연의 "불혹을 넘긴 나무들/ 그 그늘이 깊다"는 표현은 함축미가 웅숭깊다. 시인이 나무들을 보고 느끼는 '나무의 불혹'이라는 묘사가 흥미를 일으키고 있어 다음 행을 읽게 만드는 도입부 표현으로서 이끌림이 좋다. 사람의 불혹은 40세인데, 2연에 등장한 "꾸지뽕나무, 산딸나무, 쥐똥나무, 참식나무, 서어나무, 때죽나무" 등의 수명을 어림잡아 40년은 넘게 자란 나무들로 시인의 눈에 얼비쳤다. 그러한 그늘 깊음이 "종가댁 며느리 무명" 같다는 비유에서 겸양의 미덕으로 함께 어우러져 보인다.

이 시에서 가장 돋보이는 은유가 담긴 부분이 시의 3연이다. "그늘 속에 그늘이 있었다"는 표현이다. 그저 "그늘"이 아니라, "그늘 속의 그늘"이라는 대단한 발견은 사물을 통찰하는 시인의 측량할 수 없는 내공을 느끼게 한다. 햇살을 온몸으로 삼키고 "그늘"을 펼쳐주는 숲에는 고요의 숨소리도 멎었을 것이다. 그런데 시인이 발견한 "그늘 속에서 그늘"은 무엇인가? 어쩌면 그것은 홍 시인이 마음의 눈으로 발견한 숲이 안겨주는 안식과 같은

"여백"인 듯하다. 빛이 닿지 않는 "그늘"이라는 수묵화에 빛이 아름아름 숨어들기도 하고 진초록 그늘로 채워지기도 한다.

홍창수 시인은 그 빛과 사물의 그림자가 제공하는 여백에서 또 하나의 공간을 느끼게 된 것이다. 이어지는 행간의 "그늘의 끝에는 언제나 뜨거운 삶이 있었다"는 함축적 표현이 그 점을 증명해 준다. "그늘"로 인해 "붉은오름"에 공존하는 곤충과 이끼를 포함한 생물들의 존재를 미시적 시안으로 통찰하여 그들의 생태를 "뜨거운 삶"으로 은유한 것이다.

"붉은오름"에 불혹을 넘기며 존재해 온 "흙빛 얼굴을 한 그루터기 앞에서/ 별안간 걸음을 멈춘 것은" 바로 "미움도 연민도 아닌/ 한 그루 그늘이었다"는 결구가 절창이다. 나무와 동체이면서 사물을 공존케 하는 '한 그루 그늘 속의 그늘'이라는 공간에서 그 여백의 발견을 통해 자연이라는 존재에 대한 감사하는 마음을 느끼게 한다.

(3) 또 하나의 자아, 고독한 남자

홍창수 시인의 시집에 실린 시편엔 쓸쓸함이나 고독을 느끼게 하는 시가 여러 편 있다. 우수에 잠긴 남자의 가슴은 우울하기보다는 고독하다.

시집출판의 기획에 따라 다를 수 있겠으나 시인들은 시

의 발원지가 '사랑'이라고 말한다. 그러나 시를 읽어보면 사랑의 기쁨을 노래한 시편들보다는 사랑의 상실이나 그리움으로 점철된 상황에서 쓴 시의 감동이 훨씬 절실하다는 것은 누구도 부인할 수 없을 것이다.

고독한 사랑도 그리움과 기다림의 대상으로 손색없는 사랑의 대상이 될 수 있다. 김남조 시인의 「가난한 이름에게」라는 시의 결구에서는, 화자가 "이 넓은 세상에서 한 사람도/ 고독한 남자를 만나지 못해/ 나 쓸모 없이 살다 갑니다"라고. 「가난한 이름에게」 시 속의 화자는 "고독한 사람"을 만나고 싶어도 한 사람도 만나지 못해 사랑을 못하고 생의 종착역에 와있다는 의미이며, 누군가에게는 강렬한 그리움의 대상이 될 수 있다는 갈망을 느끼게 한다.

이제 홍 시인의 시적 자아의 또 하나의 모습일 수도 있는 「고독한 남자」의 내면으로 좀 더 가까이 접근해 본다.

    덤불 헤집고 온 만삭의 달
    사각사각 풀벌레들
    연장도 없이
    갉아먹는다

    미완의 초승달
    창가에 기우면
    나는 현을 켠 달빛 하나로
    하루를 건너간다

푸르스럼한 햇살 아래 부는
서늘한 바람
명치끝이 아파온다

처마 끝
심어 놓은 시래기의 꿈마저 뒤틀리고
핏기 없이 말라간다
남새밭 아랫목 묵은 항아리
피울 수 없는 식은 모닥불에 쩍쩍 금이 간다

-「고독한 남자」 전문

  위 시는 홍 시인의 시에 등장하는 "현을 켠 달빛 하나로/ 하루를 건너"가는 이른바 시공을 초월한 한 남자가 존재하는 모습을 은유적 묘사를 통해 펼쳐주고 있다.

  "고독한 남자"는 어떻게 무엇으로 사는가? 앞서 살펴본 그리움과 기다림을 배제하고 그가 살게 하는 주된 요소는 무엇일까? 시인이 접하고 그의 시야에 들어오는 모든 사물은 시선에서 바로 포집되고 인식되어 마음을 적신다. 그리고 사물과 마음으로 대화하고 난 후에 온전한 사물의 자태로 인식되는 것 같다. 시간과 자연은 어떠한 모습으로 시인의 마음판에 비치며 그 사물들은 그가 존재하는 곳에 어떤 반려자로 다가오는가?

  1연에서 그가 사물을 만나는 풍경을 들여다보자. "덤불 헤집고 온 만삭의 달/ 사각사각 풀벌레들/ 연장도 없이/ 갉아먹는다"는 표현에서 시에서 그리는 계절은 가을이다. 화자는 풀벌레 소리 가까이 찬공기를 느끼며 잠시 창가에 머물러 밤하늘을 바라본다. 한때는 "만삭의 달"이었다가 한때는 "미완의 초승달"로 "창가에 기우는" 화자의 마음속 달빛이 미묘한 감정을 불러일으킨다. 가을밤이 한참 깊었을 시간이다.

초승달을 현악기로 바라보는 사유 깊은 시간의 흐름과 달빛을 주시하는 밤, 길지 않은 시간에 사라질 초승달을 보며 하루를 "건너간다"는 표현에서 "하루를 건너야 하는" 일상이 결코 만만한 삶이 아니라는 것을 느끼게 한다.

3연에서는 하루를 건너야 하는 일상은 "서늘한 바람/ 명치끝이 아파온다"는 표현에서 "푸르스름한 햇살 아래 부는 바람"을 대하고 마시며 호흡하는 마음의 상태를 미루어 알게 한다.

시의 마지막 연은 화자 주변에 공존하는 사물을 통하여 현재의 심리적 상황이 어떠한지를 은유하고 있다. 무청의 향을 잃고 말라비틀어진 시래기를 "꿈마저 뒤틀"렸다고, "핏기 없이 말라간다"라고 하던지 "남새밭 아랫목 묵은 항아리", "식은 모닥불에 쩍쩍 금이 간다"라는 상황은 시인의 고독한 심중을 드러낸 낯설게 하기의 시적 표현임을 가늠케 한다.

아직 그곳은 가지 못했습니다
그곳에 당신이 계실 것이라는 막연함이
알아보지 못하는 무관심이 두렵습니다
지는 꽃이 아름답다 하기엔
우리는 너무 멀리 와 있습니다
지평선 멀리 바닷가
무지막지 철썩이는 파도 소리
내 사랑이라 했습니다
헤어짐이 이별 아님을 믿기에
마지막 잔을 비우지 못합니다
서지 않는 간이역에서 있는 듯이
기다립니다
당신을 출렁이며

- 「간이역에서」 전문

 위 시, 「간이역에서」의 '간이역'은 보통 다니는 정규노선의 열차가 서는 역이 아니고 특별한 경우에나 서야 할 의무를 가진 열차만 서게 되는 간이역을 말한다. 첫 행에서 도입한 "아직 그곳은 가지 못했습니다"와 같이 화자가 가본 적이 있거나 지상에 존재하는 어떤 역을 지칭하는 '간이역'이 아니다. 화자는 왜 이 역을 詩 속으로 불러들였을까?

 "아직 그곳은 가지 못했"다는 말에서 알 수 있듯 가보지도 못한 역으로 시를 지었으니 참 특이한 간이역을 보게 된 셈이다. 화자가 "그곳에 당신이 계실 것이라는 막연함"에도 '간이역과 당신'의 존재를 같은 장소로 묶어 놓은 연유는 무엇일까? 당신이라는 존재는 화자에게 찾아올 수 있는 곳을 알 수 없을지 모른다. 왜냐하면 다음 행에서 "알아보지 못하는 무관심이 두렵"다고 말하고 있기 때문이다.

사실 우리는 놓을 수 없는 손을 놓아버리고 우리가 작정하지도 않은 시간을 앞만 보고 달려와 "당신"이라는 그리운 존재가 찾아올 수 없는 곳에 와 있음을 알게 된 순간, 서로 알아볼 수 없을지도 모를 것이라는 안타까움에 목이 말라온다. 다시 만날 수 있는 곳으로 결코 돌아갈 수 없음을 너무나 늦게 깨닫게 되었을 때, 시의 중반에서 화자가 느끼는 아득함과 같은 "지는 꽃이 아름답다 하기엔/ 우리는 너무 멀리 와 있"음을 깨달았음을 공감한다.

시의 종반에서 알 수 있는 것은 화자가 자신에게 우겨 말하는 의지를 느끼게 된다. "헤어짐이 이별 아님을 믿"는다는 초월적 사고가 이 세상을 살아갈 수 있는 힘이고 의지일 수 있다. 그렇기에 화자는 "마지막 잔을 비우지 못"하고 마음속에 그 잔을 들고 있을 수밖에 없다. 결코 헤어짐이 영원한 이별이 아니라고 우겨 말하는 것은 이제 자기 최면이 아닌 살아가는 힘의 원천이자 사랑의 의지로 작용하고 있기에 그렇다.

이제 시의 결구를 통해 화자는 "간이역"이라는 자신만이 알 수 있는 가상의 위치를 설정하고 있음을 고백한다. 그 간이역은 과연 어떤 역인가? 현실 어디엔가 존재하는 역이 아닌 가슴 속의 역도 역은 역이다. "서지 않는 간이역에서 있는 듯이／ 기다립니다"라는 표현을 통해 그 역은 "기다림의 역"이라는 것을 짐작하게 한다.

홍창수 시인의 모든 시를 본 해설에서 다룰 수 없음이 아쉽다. 여러 시편의 시적 대상들에서 홍 시인만의 시향을 지닌 대자연의 사물을 향한 그리움을 독백의 미학으로 승화시키고 있음을 공감할 수 있었다.

「첫눈」에서는 "동백처럼 붉은 이웃집 소녀"를 떠올리며 동백이 뚝뚝 떨어질지라도 "입술을 깨물며 울지 않으리"라는 속울음에 공감할 수 있었으며, 「당신은 오름」을 통해서 "높음 앞에 비굴하지 않고, 낮음에 거만하지 않는 당신"의 고결한 덕목을 겸허히 기억하며 그리워함을 알게 하였다. 그리고 「김영갑 갤러리」에서는 커피 한 잔의 온기마저도 그리운 이의 "오랜 침묵이 품고 있던 온기"로 느끼는 따스한 마음의 소유자임을 알게 하였다. 「비 오던 날」에서는 빗방울 소리를 들으며 곁에 없지만 한 공간에 있는 존재로 승화시키는 시심이 눈물겨웠고, 「장례식장 가는 길」에서는 "부음 없이 장례식장 가는 길"에 스치는 풍경들의 속울음을 읽어내며 슬픔을 함께할 줄 아는 정情

을 소유한 시인의 시심에 공감할 수 있었다. 「늘그막에」에서는 나이 들어가는 일상에서 혼자 바라보는 봄꽃마저 차마 반기지 못하는 자아 속의 또 하나의 존재인 화자와 공감하는 독자가 건너야 할 우주로 사유한 내공을 엿볼 수 있었다.

위란강圍卵腔 틈을 통해 모태에서 홀로 태어난 사람은 본디 깨지기 쉬운 연약한 그릇이기에, 우리 모두에겐 더욱 '사랑'이 필요하다. 비록 아프고 쉽게 닿을 수 없는 사랑일지라도 고운 그리움으로 기다리는 사랑은 아름답다. 그곳에 시원詩源이 있다. 지구라는 별에서 존재하는 그 무엇도 '사랑'이라는 나무의 뿌리에서 올라와 자란 가지이고 잎이라 한다면 그리움과 사랑 없이는 어떤 꽃도 피어날 수 없다.

홍 시인의 시의 여정에는 더욱 객관화된 사물의 이면과 틈새를 고찰하며 늘 함께 해온 사람과 대자연 속에서 한 걸음 한 걸음 가야 할 길이 있다. 아직도 흘려야 할지 모를 눈물 너머로 홍창수 시인만의 지고지순한 시향이 독자들의 마음의 토양 위에 뿌리내려 감동의 꽃이 피어나길 기대해 본다.

_김필영((시인, 문학평론가 jwendlesss@hanmail.net)

고독한 남자
시와실천 시선 072

초판 1쇄 발행 | 2024년 10월 11일

지 은 이 | 홍창수
펴 낸 이 | 장한라
펴 낸 곳 | 도서출판 시와실천
책임편집 | 조남홍
디자인실장 | 한화금
표지디자인 | 디자인포인트
등록번호 | 제2018-000042호
등록일자 | 2018년 11월 27일
편 집 실 | 서울특별시 중구 충무로 7-1
전   화 | 010-4549-8727
전자우편 | jhla22@daum.net

ⓒ홍창수, 2024, printed in Seoul, Korea

ISBN 979-11-90137-72-0 03810

값 10,000원

* 이 책은 제주특별자치도, 제주문화예술재단의 2024년도 문화예술지원사업의 후원을 받아 발간되었습니다.
* 이 책의 판권은 지은이와 도서출판 시와실천에 있습니다.
  이 책 내용의 전부 또는 일부를 재사용하려면 반드시 양측의 서면동의를 받아야 합니다.
* 이 도서의 국립중앙도서관 출판도서목록은 서지정보유통지원시스템 홈페이지 (http://seoji.nl.go.kr)와 국가자료공동목록시스템 (http://www.nl.go.kr/kolisnet)에서 이용하실 수 있습니다.